DAS XXL GIN BUCH

Perfekt Gemixt - Einfache und leckere Gin Rezepte für jeden Anlass

Charles McArthur

ISBN – 9798759011750

INHALTSVERZEICHNIS

GIN: EIN DRINK MIT GESCHICHTE

Womit verbinden Sie Gin?

Viele Menschen denken bei diesem Getränk zunächst an das englische Königshaus und Elizabeth Bowes-Lyon – besser bekannt als *Queen Mum*. Die Mutter der britischen Königin soll den ersten Gin täglich bereits zur Mittagszeit genossen und darauf bestanden haben, sich genau deshalb hervorragender Gesundheit bis ins hohe Alter zu erfreuen.

Auch, wenn wir dies nicht bestätigen können – Gin ist ein beliebtes Getränk. In den letzten zehn Jahren hat er sich vom Getränk älterer Damen zum Hipster-Drink gemausert, vor allem in Varianten mit ausgeprägten Kräuteraromen.

Doch die Geschichte des Gins reicht deutlich weiter zurück und ist dabei doch eng mit der Geschichte der Briten verbunden – kein Wunder also, dass wir beim Wort Gin als erstes an die Queen und ihre Mutter denken.

Dabei erfand eigentlich ein Niederländer das Getränk, der Arzt Franciscus Sylvius. Bereits um 1650 soll er einen Wachholderschnaps namens Genever destilliert haben, der als Vorgänger des heutigen Gins gilt. Genever erfreute sich in den Niederlanden schnell einer gewissen Beliebtheit.

1689 bestieg ein Niederländer den englischen Thron, Wilhelm III. Er war ein begeisterter Genever-Konsument und brachte das Getränk mit in seine neue Heimat. Da Wilhelm III. einen Handelskrieg mit Frankreich unterhielt, belegte er die Einfuhr französischer Spirituosen bald mit hohen Steuern, während er die Herstellung von Genever auf englischem Boden steuerfrei machte. Das Getränk erhielt bald einen neuen, englischeren Namen – der *Gin* war geboren. 1690 erließ Wilhelm III. ein Dekret, nach welchem Gin fortan nur noch aus englischem Getreide hergestellt werden durfte.

Große Qualitätsansprüche gab es an Gin ansonsten damals noch nicht, weshalb bald viele sehr hochprozentige Schnäpse unter dem Namen *Gin* gehandelt wurden. Mit der Kolonialisierung Nordamerikas konnten die Engländer sich weite Agrarflächen sichern, welche die Produktion großer Mengen Getreide zu Billigstpreisen möglich machte. Das überschüssige Getreide wurde zu Gin gebrannt, was den Schnaps enorm verbilligte. Zeitweise überstiegen die Preise für Brot die Preise für Gin.

Die Folge: Vor allem ärmere Menschen entwickelten eine Alkoholsucht, die die Gesellschaft zunehmend zeichnete. Diese Entwicklung gipfelte in der sogenannten Gin-Krise. 1791 sah sich die damalige englische Regierung gezwungen, den *Gin Act* zu erlassen, ein Gesetz, welches Herstellung, Preis und Qualität des Gins fortan regulierte.

Der *Gin Act* hatte mehrere positive Einflüsse: Die Gin-Krise konnte eingedämmt werden, die Qualität des Getränks stieg. War Gin zuvor ein billiges Getränk der Armen, wurde er nun auch in den oberen Schichten beliebter. Viele Destillerien versuchten, dem Gin ein eigenes Gesicht zu geben und experimentierten mit hochwertigen Herstellungs- und Veredelungsverfahren. In dieser Zeit entstanden viele der Gin-Varianten, die sich noch heute großer Beliebtheit erfreuen.

Parallel wurde Gin weiter von einigen Destillerien als Billigschnaps produziert. Erst die Senkung der Biersteuer brachte schließlich den vollen Erfolg im Kampf gegen die Alkoholabhängigkeit der Briten. Diese tranken nun zumindest das weniger hochprozentige Bier.

Ab etwa 1820 taten sich die großen, hochwertigen Gin-Destillerien Englands zusammen. In den folgenden 30 Jahren konnten sie gemeinsam die Qualität des Gins weiter steigern und neue Herstellungsmethoden finden. Der größte Erfolg des Bündnisses war die Senkung der Ausfuhrzölle auf Gin im Jahr 1850.

Ab da konnte Gin leichter in die Welt exportiert werden – und verbreitete sich schnell auf dem gesamten Globus. Gin wurde zum beliebten Getränk, vor allem in den USA. Etwa zu dieser Zeit entstanden die ersten Gin-Cocktails, wenn auch zunächst eher aus Notlagen heraus. So wurde das in Indien gegen Malaria eingesetzte, sehr bittere Indian Tonic Water von Soldaten mit Gin versetzt, um es bekömmlicher zu machen – der *Gin Tonic* war geboren, ein Cocktail, der sich auch heute noch großer Beliebtheit erfreut.

Die Prohibition in den 1920er und 1930er Jahren der USA drohte, den Aufstieg des Gins jäh wieder zu unterbinden. Das Getränk wurde daraufhin zwar illegal eingeführt, die steigenden Preise wollten viele Konsumenten aber nicht mehr zahlen. In den USA wurde Gin daher teilweise häuslich in Badewannen hergestellt, weshalb man diese Varianten auch *Baththub Gin* nannte.

Mit dem Ende der Prohibition entstanden Gin-Destillerien auch außerhalb Englands, zunächst in den USA, später in vielen Ländern weltweit.

In der ersten Hälfte des 20. Jahrhunderts galt Gin als edles Getränk und erfreute sich großer Beliebtheit. Ab Ende der 1960er Jahre verdrängte Wodka ihn zunehmend von seinem Platz in den Bars, Gin galt zunehmend als Getränk der Snobs. Bis in den Anfang des 21. Jahrhunderts fristete Gin ein eher bescheidenes Dasein als Getränk älterer Herren und Damen. Als Basis vieler Cocktails allerdings büßte er nie an Bedeutung ein.

Heute gibt es mehr als 5.000 Sorten Gin aus nahezu allen Ländern der Welt. Allein in Deutschland gibt es mehr als 700 Gin-Destillerien.

WELCHE ARTEN VON GIN GIBT ES?

Gin gibt es in verschiedenen Varianten. Dabei muss unterschieden werden zwischen offiziell in der EU anerkannten Gin-Sorten, Gin-Sorten mit regionaler Herkunftsbezeichnung und nicht offiziell anerkannten Gin-Sorten. Insgesamt unterscheidet man üblicherweise 12 Sorten von Gin, welche wir Ihnen hier im Kurzportrait vorstellen möchten.

London Gin / London Dry Gin

London Gin ist die klassischste Variante dieses Getränks. Aus London stammt er gar nicht, die Bezeichnung hat lediglich historischen Charakter. London Gin darf nur natürliche Aromen sowie kleinste Mengen Zucker enthalten. London Dry Gin kommt ganz ohne Zuckerzusatz aus. London Gin ist gekennzeichnet durch eine ausgeprägte Wacholdernote und eine sehr komplexe Komposition verschiedenster Aromen. London Gin und London Dry Gin sind in der EU anerkannte Gin-Sorten.

Dry Gin

Zur Herstellung eines Dry Gins sind ausschließlich Botanicals erlaubt (mehr dazu erfahren Sie im nächsten Kapitel). Zuckerzusatz ist komplett verboten, auch der Zusatz natürlicher Aromen ist nicht erlaubt. Künstliche Aromen hingegen dürfen zugegeben werden. Dry Gin schmeckt in der Regel sehr stark nach Wacholder und besitzt wie der London Gin ein komplexes Bouquet. Auch der Dry Gin ist in der EU als Sorte anerkannt.

Distilled Gin

Im Gegensatz zu den meisten anderen Sorten wird Distilled Gin mindestens zweimal destilliert. Nach dem zweiten Destillationsvorgang dürfen die Aromen nicht mehr verändert werden. Distilled Gin besitzt durch sein Herstellungsverfahren einen stark von Wacholder geprägten Geschmack und einen recht hohen Alkoholgehalt. Distilled Gin ist die dritte offiziell anerkannte Gin-Sorte.

Plymouth Gin

Plymouth Gin darf ausschließlich in der englischen Hafenstadt Plymouth hergestellt werden. Aktuell wird er nur noch von einer einzigen Destillerie hergestellt. Plymouth Gin ist gekennzeichnet durch einen weniger starken Wacholdergeschmack als viele andere Vertreter des Gins. Dafür überrascht er mit sehr erdigen und würzigen Aromen.

Gin de Mahon

Auch der Gin de Mahon ist in seiner Herkunft geschützt und darf nur auf Menorca hergestellt werden. Auch hier gibt es aktuell nur noch einen Hersteller, welcher das Rezept für den Gin de Mahon seit 200 Jahren geheim hält. Gin de Mahon wird einfach gebrannt und später in Fässern gelagert. Sein Aroma ist krautig-würzig und eher frisch, sein Alkoholgehalt im Vergleich eher gering.

Vilnius Gin

Auch hierbei handelt es sich um eine geografische Herkunftsbezeichnung, welche in der EU geschützt ist. Von der Herstellungsart entspricht der Vilnius Gin einem London Dry Gin. Er zeichnet sich durch intensive Zitrusaromen und eine holzig-krautige Note aus. Insgesamt gilt er eher als einfacher und weicher Vertreter des Gins, der dennoch eine große Eleganz besitzt.

New Western Dry Gin

Hersteller von New Western Dry Gin entscheiden sich bewusst dazu, nicht offiziell als Dry Gin gehandelt zu werden. Dafür sind dann größere Gestaltungsspielräume bei der Aromatisierung des Gins möglich. New Western Dry Gin kann dadurch häufig durch ein besonders weites und verspieltes Aroma überraschen, in dem Wacholder nicht so stark im Mittelpunkt steht wie bei klassischem Dry Gin. New Western Dry Gin wird häufig auch pur getrunken.

Old Tom Gin

Beim Old Tom Gin handelt es sich eigentlich um eine ältere Variante des Gins. Er stammt aus einer Zeit, bevor Gin hohen Qualitätsansprüchen gerecht wurde. Die sehr starken Spirituosen wurden damals im Sinne eines besseren Geschmacks mit Zucker versetzt. Heute ist die Basis eines Old Tom Gins zwar ein ebenso hochwertiger Herstellungsprozess wie bei anderen Gin-Sorten, der größere Zuckerzusatz ist ihm aber geblieben. Old Tom Gin ist dadurch besonders süß und eignet sich sehr gut zur Cocktailherstellung.

Reserve Gin / Barrel Aged Gin / Aged Gin

Unter diesen Bezeichnungen werden London Gins oder Dry Gins verkauft, die nach der klassischen Herstellung in bereits für andere Getränke genutzten Holzfässern gelagert werden. Dies gibt dem Gin eine besondere Geschmacksnote sowie eine goldgelbe Farbe.

Cream Gin

Der Cream Gin stammt aus viktorianischen Zeiten, als süße Getränke besonders beliebt waren. Grundsätzlich handelt es sich um einen London Gin, dem allerdings während des Destillationsprozesses Sahne und Zucker zugegeben werden. Obwohl man von der Sahne nichts mehr sieht, schmeckt dieser klare Gin außergewöhnlich sahnig und süß.

Compound Gin / Bathtub Gin

Auch heute kann man noch Bathtub Gin erwerben, auch, wenn dieser mittlerweile hochwertiger hergestellt wird als zu Zeiten der amerikanischen Prohibition. Bathtub Gin wird nicht gebrannt, die Botanicals werden lediglich in Agraralkohol eingelegt. Der Geschmack ist weniger fein, dafür oft stärker ausgeprägt und der Gin meist nicht klar, sondern leicht gelblich gefärbt.

Sloe Gin

Eigentlich handelt es sich bei Sloe Gin gar nicht um „richtigen“ Gin. Im Deutschen kennt man dasselbe Getränk als Schlehenlikör. In den Bars der Welt wird er dennoch zum Gin gezählt.

DIE DESTILLATION EINES GUTEN GINS – EINE HOHE KUNST

Es gibt nur wenige Vorgaben dazu, wie Gin hergestellt werden muss. Laut EU-Verordnung muss Gin lediglich zwei Komponenten enthalten: Agraralkohol und Wacholderbeeren. In der Praxis werden zusätzlich die sogenannten Botanicals zugesetzt. Das sind verschiedene natürliche Stoffe, die dem Gin sein Aroma verleihen sollen.

Üblicherweise entstammen Botanicals den folgenden Kategorien:

- Früchte und Beeren, auch Obstschalen und -kerne,
- Kräuter,
- Blüten,
- Gewürze.

Der Fantasie des Gin Meisters sind allerdings kaum Grenzen gesetzt, wie der Cream Gin zeigt. Selbst sehr ausgefallene Sorten wie Gins mit Zusatz von Speck sind in den letzten Jahren auf den Markt gekommen.

Im Gegensatz zu klassischen Bränden, bei denen der Alkohol aus dem auch als Geschmacksträger dienenden Inhaltsstoff stammt, wird der Alkohol dem Gin extern zugegeben. Das liegt daran, dass seine wichtigsten Aromastoffe aus dem Bereich der Kräuter und Gewürze stammen, welche keinen Zucker enthalten, der in Alkohol umgewandelt werden könnte. Es handelt sich bei Gin daher genau genommen um einen Geist.

Wer denkt, dass Gin eher einfach herzustellen sei, irrt allerdings. Die Komplexität eines guten Gins sucht häufig seinesgleichen. Viele Gin-Hersteller verwenden mehrere Dutzend Botanicals für einen Gin. Die Komposition muss über Jahre des Testens und Probierens gefunden werden. Insgesamt kommen etwa 120 verschiedene Botanicals regelmäßig zum Einsatz.

Beim verwendeten Neutralalkohol haben Hersteller großen Spielraum. Die EU gibt lediglich vor, dass dieser aus landwirtschaftlicher Produktion kommen muss. Die klassische Basis für einen guten Gin ist Weizenkorn. Allerdings kann auch Wodka oder jeder andere Neutralalkohol zur Herstellung verwendet werden.

Die Herstellung eines Gins verläuft in vier Schritten.

Schritt 1: Die Mazeration

Die ausgewählten Botanicals werden zunächst im Neutralalkohol eingelegt. Die meisten Hersteller geben die Zutaten dazu einfach für eine Weile zum Neutralalkohol, in welchem sie dann ziehen dürfen. Den Prozess können Sie sich ähnlich vorstellen, wie das Ziehen-Lassen von Tee. Der zuvor neutrale Alkohol nimmt Aromastoffe aus den Botanicals auf und bekommt so seinen unverwechselbaren Geschmack.

Bei der Mazeration kann der Gin auch im geringen Maß Farbstoffe aus den Botanicals aufnehmen. Um das zu verhindern, setzen einige Hersteller auf einen etwas anderen Prozess. Dabei wird ein sogenannter Geistkorb verwendet. In diesen werden die Botanicals eingefüllt und hängen über dem Neutralalkohol. Ihren Geschmack geben sie an diesen dann erst ab, wenn der dampfförmige Alkohol bei der Destillation durch den Geistkorb zieht. So entsteht ein eher zart aromatisierter, absolut klarer Gin.

Schritt 2: Die Destillation

Haben die Botanicals ausreichend lange im Neutralalkohol gezogen, kann die Mischung destilliert werden. Sicherlich kennen Sie diesen Vorgang bereits von anderen Spirituosen oder erinnern sich noch aus dem Chemieunterricht an einen entsprechenden Versuch: Der Neutralalkohol wird erhitzt. Traditionell verwendet man dazu Feuerholz, die meisten modernen Destillerien nutzen allerdings Gas oder elektrische Wärme. Schmecken können Sie diesen Unterschied nicht. Hat das Gemisch eine Temperatur von etwa 80 Grad erreicht, verdampft der Alkohol, während das Wasser zurückbleibt. Der dampfförmige Alkohol steigt auf und gelangt in eine gekühlte Glasspirale, wo er aufgrund des Temperaturunterschieds wieder kondensiert. Am anderen Ende tropft dann nahezu reiner, aromatisierter Alkohol heraus.

Schritt 3: Die Lagerung

Im Gegensatz zu Getränken wie Wein, Sherry oder Whiskey ist es theoretisch nicht nötig, Gin vor dem Abfüllen in Flaschen zu lagern. Die Erfahrung hat allerdings gezeigt, dass eine gewisse Lagerzeit dem Gin geschmacklich guttut. Das Destillat kann sich so vom Erhitzen erholen und die Geschmackskomponenten sich perfekt zusammenfügen. Die meisten Destillerien lagern ihren Gin daher noch mindestens ein bis zwei Wochen in großen Behältern. Dabei setzen klassische Hersteller auf geschmacksneutrale Behältnisse aus Glas oder Edelstahl.

Anders sieht es beim Reserve oder Aged Gin aus: Dieser wird nun in alten Fässern, häufig von Wein oder Whiskey, gelagert. Dabei nimmt er Geschmacksnuancen aus den alten Fässern auf, was ihm seine besondere Note verleiht.

Schritt 4: Die Abfüllung

Nach der Lagerung kann der Gin dann endlich in Flaschen abgefüllt und etikettiert werden. Vorher muss er allerdings auf Trinkstärke herabgesetzt werden, denn zu diesem Zeitpunkt hat das Destillat einen kaum genießbaren Alkoholgehalt von etwa 96 Prozent.

Dazu wird der Gin mit Wasser verdünnt. Auch hier setzen die Hersteller meist darauf, ein sehr hochwertiges, weich und fein schmeckendes Wasser zu nutzen. Wichtig ist vor allem, dass das Wasser möglichst kalkarm ist.

Wieviel Prozent Alkohol der Gin nach der Verdünnung noch enthält, hängt von verschiedenen Faktoren ab. Laut EU-Recht muss ein Gin mindestens 37 Prozent Alkohol besitzen, nach oben sind theoretisch keine Grenzen gesetzt. Je stärker der Gin verdünnt wird, desto dünner wird auch sein Geschmack, weshalb in der Praxis viele Produkte einen Alkoholgehalt deutlich über 40 Prozent aufweisen. Gin mit mindestens 52 Prozent nennt man *Overproof Gin*. Er schmeckt besonders vollmundig, muss aufgrund des hohen Alkoholgehalts allerdings mit Vorsicht genossen werden.

Nach dem Verdünnen und Abfüllen geht der Gin ohne weitere Lagerzeit direkt in den Handel.

WORAN SIE EINEN GUTEN GIN ERKENNEN

Bei der Vielzahl der verfügbaren Produkte am Markt fragen Sie sich sicherlich, woran Sie einen guten Gin erkennen können. Dies ist nicht unbedingt einfach zu beantworten.

Ein qualitativ guter Gin zeichnet sich durch einen sauberen, runden und angenehm vollen Geschmack aus, wobei diese Kategorien sicherlich auch subjektiv unterschiedlich bewertet werden.

Die ersten „harten" Aspekte, anhand derer Sie versuchen können, die Qualität eines Gins zu bewerten, sind der Preis und der Alkoholgehalt. Zwar muss ein guter Gin nicht unbedingt teuer sein, doch ist Ware zu Discountpreisen in Sachen Qualität meist am unteren Rand anzusiedeln. Discounter-Gin ist daher eher zu empfehlen, wenn Sie einen Einstieg ins einfache Mischen von Cocktails suchen und weniger hohen Gin-Genuss.

Beim Alkoholgehalt gilt: Ein guter Gin wird meist einige Prozentpunkte über dem Mindestgehalt von 37 Prozent liegen. Das mag nicht für jeden einzelnen Hersteller gelten, doch gerade die Mischung aus einem niedrigen Preis und einem niedrigen Alkoholgehalt spricht eher für ein minderwertiges Produkt.

Viel entscheidender als eine technisch hohe Qualität aber ist, dass ein gekaufter Gin Ihnen auch schmeckt. Gin kann sehr unterschiedlich ausfallen, weshalb die Geschmäcker hier auch weit auseinandergehen. Wenn Sie neu in der Welt des Gins sind, hören Sie sich zunächst um, welche Gin-Sorten von Kennern empfohlen werden. Es gibt beispielsweise eigene Blogs zu dem Thema. Lesen Sie Beschreibungen zu den Geschmackssorten von Gin oder gehen Sie einmal zu einem Tasting, einer Gin-Verkostung. So finden Sie mit der Zeit die Gin-Sorten, die Ihnen persönlich besonders gut gefallen.

GIN – MANNIGFALTIGE GENUSSMÖGLICHKEITEN

Einen guten Gin können Sie auf verschiedene Arten trinken: Pur, als *Gin Tonic* oder als Grundlage verschiedenster Cocktails.

Wie Sie einen guten *Gin Tonic* und viele andere leckere Cocktails aus Ihrem Lieblings-Gin mischen, erfahren Sie im zweiten Teil dieses Buches ausführlich mit jeder Menge erprobten Rezepten für Klassiker und neuere Kreationen. Die Vielfalt an Cocktails mit Gin ist äußerst groß, da er sich seit jeher einer breiten Anhängerschaft bei den Barkeepern der Welt erfreut. Hier bieten sich also nahezu unerschöpfliche Genussmöglichkeiten.

Echte Kenner verkosten Gin aber immer auch pur. Haben Sie eine neue Sorte zum Probieren gekauft, lohnt es sich unbedingt, diese zunächst pur zu probieren – halten Sie Ihr privates Tasting ab!

Doch wie trinkt man einen Gin richtig, wenn man in den Genuss des puren Geschmacks kommen möchte?

Wählen Sie zunächst das richtige Glas. Der Gin-Genuss lebt sehr stark von den Aromen, die vorm und beim Trinken in Ihre Nase aufsteigen. Sie können Gin daher gerne aus einem sogenannten Degustationsglas trinken. Dieses ermöglicht Ihnen, die feinen Noten des Gins in ihrer ganzen Fülle wahrzunehmen. Alternativ geht auch ein anderes bauchiges, für Spirituosen geeignetes Glas, in welchem der Gin Raum zum „Atmen“ hat.

Füllen Sie etwa 3 cl Gin in das Glas. Dann schnuppern Sie zunächst. Pur wird Gin langsam, Schlückchen für Schlückchen genossen.

Die ideale Trinktemperatur für puren Gin liegt bei 18 bis 20 Grad Celsius und damit bei Raumtemperatur. Zu niedrige Temperaturen engen den Geschmack ein, ist der Gin zu warm, kann er stechend nach Alkohol schmecken.

Ein weiterer Tipp: Trinken Sie Ihren Gin nicht „on the rocks". Bei Gin ist das nicht üblich, da die feine Geschmackskomposition schnell durch das Wasser der sich auflösenden Eisklötzchen verfälscht wird. Sollten Sie unbedingt Gin auf Eis probieren wollen, wählen Sie stattdessen Getränkekühlwürfel aus Edelstahl.

Mit diesen Tipps wünsche ich Ihnen viel Freude beim Genuss dieses facettenreichen Getränks. Möge es Ihnen wohl bekommen!

COCKTAILREZEPTE MIT GIN

SÄUERLICHE & FRUCHTIGE COCKTAILS VON A BIS Z

IndieserKategoriefindenSiesauer-fruchtigeCocktailvariationen, perfekt für warme Sommerabende auf der Terrasse.

AVIATION

Ein klassischer, recht saurer Shortdrink, der durch seine extravagante, zartblaue Farbe auffällt.

ZUTATEN:

- 6 cl Gin
- 1 cl Maraschino (Sauerkirschlikör)
- 1 cl Crème de Violette (Veilchenlikör)
- 3 cl Zitronensaft
- Einige Eiswürfel
- 1 Maraschino-Kirsche

ZUBEREITUNG:

1. Geben Sie den Gin, den Maraschino, den Crème de Violette, den Zitronensaft und die Eiswürfel in einen Shaker. Schütteln Sie das Ganze zunächst gut. Dann rühren Sie den Drink zusätzlich um. Nur so entsteht seine außergewöhnliche, zartblaue Farbe.

2. Seihen Sie den Drink in eine Cocktailschale oder ein Martiniglas ab. Ins Glas kommt kein Eis. Legen Sie die Maraschino-Kirsche vor dem Servieren in den Drink.

Zum Wohl!

BEES' KNEES

Ein klassischer, sehr leicht zuzubereitender Shortdrink mit einer starken Säure und einem intensiven Honigaroma.

ZUTATEN:

- 6 cl Gin
- 3 cl Zitronensaft
- 2,5 cl Honigsirup
- Einige Eiswürfel
- 1 Zitronenzeste

ZUBEREITUNG:

1. Geben Sie den Gin mit dem Zitronensaft, dem Honigsirup und den Eiswürfeln in einen Shaker und schütteln Sie alles kräftig durch.

2. Seihen Sie den Drink über ein feines Barsieb in eine Cocktailschale ab. Es soll kein Eis im Glas sein. Garnieren Sie den Drink vor dem Servieren mit der Zitronenzeste.

Zum Wohl!

BICYCLE THIEF

Warum dieser Drink nach einem Fahrraddieb benannt ist, mag nicht bekannt sein. In jedem Fall handelt es sich aber um einen sehr sommerlichen, fruchtigen Longdrink.

ZUTATEN:

- 3 cl Gin
- 3 cl Campari
- 4,5 cl Grapefruitsaft
- 1,5 cl Zitronensaft
- 1,5 cl Zuckersirup
- Soda
- Einige Eiswürfel
- 1 Orangenscheibe

ZUBEREITUNG:

1. Geben Sie die Eiswürfel in ein Highball-Glas.
2. Gießen Sie den Gin, den Campari, den Grapefruitsaft, den Zitronensaft und den Zuckersirup auf die Eiswürfel und rühren Sie alles gut um.
3. Füllen Sie den Drink mit Soda auf. Garnieren Sie den Drink vor dem Servieren mit der Orangenscheibe.

Zum Wohl!

BRAMBLE

Ein klassischer, fruchtiger Shortdrink für Liebhaber leicht herber Beeren.

ZUTATEN:

- 5 cl Gin
- 2 cl Zitronensaft
- 1 cl Zuckersirup
- 7 bis 8 frische Brombeeren
- Crushed Ice

ZUBEREITUNG:

1. Waschen Sie die Brombeeren gut ab. Bewahren Sie ein bis zwei schöne Beeren zur Dekoration auf und geben Sie die restlichen in einen Tumbler.

2. Zerstoßen Sie die Beeren im Glas etwas mit einem Stößel. Die Beeren sollen nur leicht zerdrückt und nicht zu Mus zerstampft werden.

3. Füllen Sie das Glas dann mit dem Crushed Ice auf. Geben Sie den Gin, den Zitronensaft und den Zuckersirup darüber und rühren Sie alles gut um.

4. Dekorieren Sie den Drink vor dem Servieren mit den zurückgehaltenen Brombeeren.

Zum Wohl!

COSMONAUT

- Ein sehr sommerlicher Shortdrink, der einfach zuzubereiten ist.

ZUTATEN:

- 6 cl Gin
- 2 cl Zitronensaft
- 1 TL Himbeergelee
- Einige Eiswürfel
- 1 frische Himbeere

ZUBEREITUNG:

1. Stellen Sie eine Cocktailschale kühl.

2. Geben Sie den Gin, den Zitronensaft und das Himbeergelee mit den Eiswürfeln in einen Shaker. Schütteln Sie alles nun etwa 15 Sekunden kräftig durch, bis alle Zutaten (bis auf das Eis) perfekt miteinander vermischt sind.

3. Seihen Sie den Drink in die Cocktailschale ab. Es soll kein Eis im Glas sein.

4. Waschen Sie die Himbeere ab und tupfen Sie sie vorsichtig trocken. Stecken Sie sie dann auf einen Spieß und legen Sie sie als Garnitur über den Glasrand.

Zum Wohl!

GIMLET

Ein Shortdrink mit Geschichte, dessen Einfachheit seinesgleichen sucht.

ZUTATEN:

- 4 cl Gin
- 2 cl Limettensirup (oft auch Lime Juice genannt)
- Eventuell 1 Eiswürfel
- 1 Limettenscheibe

ZUBEREITUNG:

1. Kühlen Sie eine Martinischale vor.
2. Kurz vor dem Genuss geben Sie den Gin und den Limettensirup in das Glas. Verrühren Sie beides miteinander.
3. Garnieren Sie das Ganze mit einer Scheibe Limette und geben Sie auf Wunsch noch einen Eiswürfel hinzu.

Zum Wohl!

GIN BASIL SMASH

Ein neuerer Drink, der in kürzester Zeit internationale Berühmtheit erlangte. Er leuchtet intensiv grün und schmeckt sehr sommerlich.

ZUTATEN:

- 6 cl Gin
- 2 cl Zuckersirup
- 4 Stiele frisches Basilikum, plus eine Stielspitze zur Garnitur
- ½ Zitrone
- Einige Eiswürfel

ZUBEREITUNG:

1. Waschen Sie die halbe Zitrone ab, reiben Sie sie trocken und schneiden Sie sie in vier Stücke (es sollen Achtel einer ganzen Zitrone werden).

2. Waschen Sie das Basilikum und schütteln Sie es trocken.

3. Geben Sie die Zitronenstücke mit den vier Basilikumstielen und dem Zuckersirup in einen Shaker. Zerstoßen Sie alles kräftig mit einem Stößel.

4. Geben Sie den Gin und einige Eiswürfel hinzu. Dann schütteln Sie das Ganze kräftig etwa 15 bis 30 Sekunden lang durch.

5. Füllen Sie einen Tumbler mit Eis auf. Dann seihen Sie den Drink über einem Barsieb in das Glas ab. Vor dem Servieren garnieren Sie das Ganze mit einer Stielspitze Basilikum.

Zum Wohl!

GIN BLOOD ORANGE LILLET

Ein fruchtiger Longdrink, der auch sehr gut in den Winter passt.

ZUTATEN:

- 3 cl Gin
- 2 cl Lillet
- 6 cl Ginger Ale
- 1 Blutorange
- ½ Limette
- Crushed Ice

ZUBEREITUNG:

1. Waschen Sie die Blutorange heiß ab und halbieren Sie sie. Schneiden Sie eine Hälfte in Spalten, die andere Hälfte pressen Sie aus.
2. Pressen Sie auch die Limette gut aus.
3. Geben Sie das Crushed Ice in ein Longdrink-Glas. Dann geben Sie den Blutorangen- und Limettensaft, den Gin und den Lillet darüber.
4. Füllen Sie da Glas mit dem Ginger Ale auf und garnieren Sie den Drink mit den Orangenspalten. Servieren Sie ihn mit einem Strohhalm.

Zum Wohl!

GIN FIZZ

Ebenfalls ein klassischer Gin-Cocktail, der besonders im Sommer gut schmeckt. Es handelt sich um die Longdrink-Variante des Gin Sour.

ZUTATEN:

- 5 cl Gin
- 3 cl Zitronensaft
- 2 cl Zuckersirup
- 6 bis 8 Eiswürfel
- 150 ml Soda
- 2 Zitronenscheiben
- 1 Kräuterzweig, beispielsweise Rosmarin oder Minze

ZUBEREITUNG:

1. Geben Sie den Gin zusammen mit dem Zitronensaft, dem Zuckersirup und einigen Eiswürfeln in einen Shaker.

2. Schütteln Sie das Ganze etwa eine Minute lang kräftig durch. Es soll eine Schaumkrone auf dem Getränk entstehen, welche ihm seinen Namen gibt.

3. Geben Sie die restlichen Eiswürfel in ein Longdrink-Glas. Seihen Sie den Drink darüber ab. Im Glas sollen nachher nur die frischen Eiswürfel sein.

4. Füllen Sie den Gin Fizz mit dem Soda auf. Garnieren Sie ihn vor dem Servieren mit zwei Zitronenscheiben und einem kleinen Kräuterzweig.

Zum Wohl!

GIN RICKEY

Ein klassischer, sehr erfrischender Shortdrink mit einer feinen Säure.

ZUTATEN:

- 4 cl Gin
- 1 cl Zuckersirup
- 1 Limette
- Etwas Tonic Water
- Eiswürfel

ZUBEREITUNG:

1. Füllen Sie einen Tumbler mit Eiswürfeln auf.

2. Waschen Sie die Limette ab und trocknen Sie sie ab. Schneiden Sie sie in zwei Hälften. Eine Hälfte schneiden Sie weiter in 3 bis 4 Stücke klein. Die andere Hälfte pressen Sie über das Eis direkt ins Glas aus. Die Limettenstücke geben Sie dann ebenfalls ins Glas.

3. Geben Sie nun den Gin und den Zuckersirup dazu und rühren Sie alles vorsichtig um.

4. Füllen Sie das Glas nach eigenem Belieben mit Tonic Water auf und servieren Sie den Drink mit einem Strohhalm.

Zum Wohl!

GIN SOUR

Ein klassischer Shortdrink.

ZUTATEN:

- 4 cl Gin
- 3 cl Zitronensaft
- 1 cl Zuckersirup
- Maximal 10 cl Soda
- Einige Eiswürfel
- 1 Zitronenscheibe

ZUBEREITUNG:

1. Geben Sie den Gin mit dem Zitronensaft, den Eiswürfeln und dem Zuckersirup in einen Shaker.
2. Schütteln Sie das Ganze gut durch.
3. Stellen Sie ein passendes Glas bereit. Klassisch ist der Genuss aus einem Tumbler.
4. Seihen Sie den Gin Sour ohne Eis in das Glas ab.
5. Füllen Sie den Gin Sour nach persönlichem Geschmack mit wenigen cl Soda auf. Garnieren Sie den Drink vor dem Servieren mit einer Scheibe Zitrone.

Zum Wohl!

GLÜH-GIN

Die weihnachtliche Variante eines Gin-Longdrinks.

ZUTATEN:

- 3 cl Gin
- 5 cl Apfelsaft
- 5 cl Ginger Ale
- 100 ml Orangensaft
- 1 Orange
- 1 Zimtstange
- 1 Sternanis

ZUBEREITUNG:

1. Geben Sie den Gin, den Apfelsaft, das Ginger Ale und den Orangensaft in einen kleinen Topf. Erwärmen Sie die Flüssigkeit bei sanfter Hitze langsam. Achtung: Die Flüssigkeit darf nicht aufkochen!

2. Waschen Sie die Orange ab und schneiden Sie sie in grobe Scheiben. Geben Sie den Zimt, den Anis sowie die Orangenscheiben in den Topf. Lassen Sie alles bei schwacher Hitze 30 Minuten ziehen.

3. Geben Sie die Flüssigkeit in einen Glühweinbecher. Verwenden Sie die Zimtstange, den Sternanis sowie eine Scheibe der Orange als Deko. Genießen Sie den Glüh-Gin unbedingt warm.

Zum Wohl!

GRAPEFRUIT GIN COOLER

Ein sehr erfrischender Longdrink für warme Sommerabende.

ZUTATEN:

- 6 cl Gin
- 125 ml Pink Grapefruit Saft
- Einige cl Soda
- 1 Zitronenachtel
- Einige Eiswürfel
- 1 Zweig Rosmarin

ZUBEREITUNG:

1. Pressen Sie die Zitrone über einem Longdrink-Glas aus.
2. Geben Sie den Grapefruitsaft und den Gin in das Glas zum Zitronensaft. Rühren Sie alles einmal durch.
3. Füllen Sie das Glas nach Geschmack mit Soda auf.
4. Geben Sie vorm Servieren einige Eiswürfel ins Glas und garnieren Sie den Drink mit einem kleinen Zweig Rosmarin.

Zum Wohl!

GRAPE GIN & JUICE

Unter Gin & Juice versteht man stets einen dem Gin Tonic ähnlichen Longdrink, der anstelle von Tonic Water Fruchtsaft enthält. Die Variante mit Traubensaft ist kräftig süß. Verwenden Sie für Gin & Juice stets einen recht trockenen Gin, um keinen zu süßen Drink zu erhalten und die fruchtige Note zu betonen.

ZUTATEN:

- 2 cl Gin
- 5 cl klarer, roter Traubensaft
- Einige Eiswürfel
- 1 Orangenzeste

ZUBEREITUNG:

1. Klassisch verwendet man für einen Gin & Juice ein kleines Weißweinglas mit Stiel. Alternativ können Sie auch einen Tumbler verwenden. Geben Sie den Gin in das gewählte Glas.

2. Füllen Sie das Glas zu etwa einem Drittel mit Eis auf. Gießen Sie dann den Traubensaft darüber und rühren Sie alles vorsichtig etwas um.

3. Garnieren Sie den Drink mit der Orangenzeste und servieren Sie ihn mit einem Strohhalm.

Zum Wohl!

GREEN APPLE MULE

Ein klassischer Longdrink für den Herbst.

ZUTATEN:

- 5 cl Gin
- 2 cl Zuckersirup
- 1 Beutel grüner Tee
- 4 cl Apfelsaft
- 1 Scheibe Ingwer, ca. 1 cm dick
- 150 ml Wasser
- Eiswürfel
- 2 Gurkenscheiben
- 2 Limettenscheiben

ZUBEREITUNG:

1. Schneiden Sie den Ingwer etwas kleiner und geben Sie ihn zusammen mit dem Teebeutel in ein hitzebeständiges Gefäß. Dann erhitzen Sie das Wasser auf etwa 80 Grad Celsius und übergießen Sie beides damit. Lassen Sie die Mischung 5 Minuten durchziehen, dann nehmen Sie den Ingwer und den Teebeutel heraus. Lassen Sie das Ganze nun vollständig abkühlen.

2. Geben Sie 75 ml vom abgekühlten Tee in ein Longdrink-Glas. Den Rest können Sie anderweitig verwenden.

3. Geben Sie nun den Gin, den Zuckersirup und den Apfelsaft hinzu und verrühren Sie den Cocktail gut.

4. Servieren Sie den Drink mit Eiswürfeln und garnieren Sie ihn mit Scheiben von Gurke und Limette.

Zum Wohl!

ORANGE BLOSSOM

Der Orange Blossom ist die klassischste Variante des Gin & Juice. Die Aromen eines reichhaltigen Gin-Bouquets harmonieren mit Orangensaft in aller Regel besonders gut. Es gibt verschiedene Rezepte, welche alle intensive Zitrusnoten besitzen und meist als Shortdrink serviert werden.

ZUTATEN:

- 2 cl Gin
- 1 cl Cointreau
- 5 cl Orangensaft
- Optional ein Spritzer Orangenblütenwasser
- Etwas Crushed Ice
- 1 Orangenzeste

ZUBEREITUNG:

1. Geben Sie das Eis in einen Shaker. Von der Menge her sollte es etwa einem Eiswürfel entsprechen.

2. Gießen Sie den Gin, den Cointreau und den Orangensaft über das Eis im Shaker. Wollen Sie eine blumige Note hinzufügen, geben Sie einen Spritzer Orangenblütenwasser hinzu. Schütteln Sie dann alles einmal kräftig durch.

3. Seihen Sie den Drink in ein Martiniglas ab. Es soll kein Eis im Glas sein. Garnieren Sie ihn vor dem Servieren mit einer Orangenzeste.

Zum Wohl!

PINK GIN TONIC

Eine fruchtig-sommerliche Variante des klassischen Gin Tonic.

ZUTATEN:

- 4 cl Gin
- 120 ml Wild Berry Tonic Water
- 3 Himbeeren
- 1 Zitronenspalte
- Einige Eiswürfel

ZUBEREITUNG:

1. Waschen Sie die Himbeeren ab und tupfen Sie sie anschließend trocken.

2. Geben Sie die Eiswürfel und den Zitronenspalt in ein Longdrink-Glas.

3. Geben Sie nun den Gin darüber und füllen Sie das Ganze dann mit dem Wild Berry Tonic Water auf.

4. Nun geben Sie die Himbeeren obenauf. Eine weitere Garnitur erhält dieser Drink in der Regel nicht.

Zum Wohl!

RHUBARB GIN & JUICE

Eine weniger süße Variante des Gin & Juice für Liebhaber von Rhabarber.

ZUTATEN:

- 2 cl Gin
- 5 cl Rhabarbersaft
- Einige Eiswürfel
- 1 Rosmarinzweig oder 1 Erdbeere

ZUBEREITUNG:

1. Geben Sie den Gin in ein Longdrink-Glas.

2. Füllen Sie das Glas zu etwa einem Drittel mit Eis auf. Gießen Sie dann den Rhabarbersaft darüber und rühren Sie alles vorsichtig etwas um.

3. Garnieren Sie den Drink je nach persönlichem Geschmack entweder mit dem Zweig Rosmarin oder mit einer kleinen Erdbeere.

Zum Wohl!

SILVER FIZZ

Bei diesem Longdrink handelt es sich genau genommen um einen klassischen Gin Fizz, dem Eiweiß zugegeben wird. Dadurch wird der Drink angenehm cremig.

ZUTATEN:

- 6 cl Gin
- 3 cl Zitronensaft
- 2 cl Zuckersirup
- ½ ganz frisches Eiweiß
- 3 bis 5 cl Soda
- 6 bis 8 Eiswürfel
- Zitronenzeste

ZUBEREITUNG:

1. Geben Sie den Gin mit dem Zitronensaft, dem Zuckersirup und dem Eiweiß in einen Shaker. Schütteln Sie 15 Sekunden lang kräftig.

2. Geben Sie nun einige Eiswürfel in den Shaker und schütteln Sie dann nochmals etwa 15 bis 30 Sekunden kräftig durch.

3. Geben Sie die restlichen Eiswürfel in ein Highball- oder Longdrink-Glas. Seihen Sie den Drink darüber ab, sodass nur frische Eiswürfel im Glas sind.

4. Füllen Sie das Glas nach Geschmack mit Soda auf. Garnieren Sie den Drink vor dem Servieren mit einer Zitronenzeste.

Zum Wohl!

STRAWBERRY GIN FIZZ

Ein sehr sommerlicher Longdrink.

ZUTATEN:

- 5 cl Gin
- 3 cl Zuckersirup
- 5 bis 6 Erdbeeren
- 1 Limette
- 100 ml Soda
- 6 bis 8 Eiswürfel

ZUBEREITUNG:

1. Waschen Sie die Erdbeeren und halten Sie eine kleine als Garnitur zurück. Entfernen Sie von den restlichen Erdbeeren das Grün und geben Sie die Beeren in ein hohes Gefäß.

2. Pürieren Sie die Beeren zu einer cremigen Masse durch.

3. Geben Sie das Erdbeerpüree in ein Longdrink-Glas.

4. Pressen Sie den Saft der Limette aus.

5. Nun geben Sie den Gin mit dem Zuckersirup, dem Limettensaft und einigen Eiswürfeln in einen Shaker. Schütteln Sie alles einmal kräftig durch. Dann seihen Sie das Gemisch in das Glas ab. Geben Sie die restlichen Eiswürfel hinzu und füllen Sie das Glas mit Soda auf.

6. Schneiden Sie die zurückbehaltene Erdbeere von der Spitze aus ein und setzen Sie sie zur Garnitur auf den Rand des Glases. Servieren Sie den Drink mit einem Strohhalm.

Zum Wohl!

SUGAR PLUM

Ein fruchtiger, sommerlicher Shortdrink, der in aller Regel ohne jede Garnitur serviert wird.

ZUTATEN:

- 6 cl Gin
- 1,5 cl Grenadine-Sirup
- 3 cl Pink Grapefruit Saft
- Einige Eiswürfel

ZUBEREITUNG:

1. Geben Sie den Gin, den Grenadine-Sirup und den Grapefruitsaft mit den Eiswürfeln in einen Shaker und schütteln Sie alles kräftig durch.

2. Seihen Sie den Drink in eine Cocktailschale ab. Es soll kein Eis im Glas sein.

Zum Wohl!

TOM COLLINS

Der Tom Collins ist ein süß-saurer Longdrink, der an heißen Tagen sehr gut erfrischt und meist optisch sehr ansprechend dekoriert wird. Besonders ist, dass er grundsätzlich mit Old Tom Gin hergestellt wird.

ZUTATEN:

- 5 cl Old Tom Gin
- 2 cl Zuckersirup
- 3 cl Zitronensaft
- Kalte Soda
- Einige Eiswürfel
- 2 bis 3 Zitronenscheiben
- 1 Maraschino-Kirsche

ZUBEREITUNG:

1. Geben Sie den Old Tom Gin, den Zuckersirup und den Zitronensaft in ein Longdrink-Glas und rühren Sie alles gut um.

2. Geben Sie nun nach Belieben einige Eiswürfel hinzu und füllen Sie das Glas mit Soda auf.

3. Legen Sie die Zitronenscheiben dekorativ in das Glas ein und garnieren Sie den Drink am Ende mit der Maraschino-Kirsche.

Zum Wohl!

WHITE LADY

Ein schlichter, erfrischender Shortdrink.

ZUTATEN:

- 4 cl Gin
- 2 cl Cointreau
- 2 cl Zitronensaft
- Einige Eiswürfel
- 1 Zitronenscheibe

ZUBEREITUNG:

1. Geben Sie den Gin mit dem Cointreau, dem Zitronensaft und den Eiswürfeln in einen Shaker. Alles einmal kräftig durchschütteln.

2. Seihen Sie den Drink in eine Martinischale ab. Garnieren Sie ihn mit einer Zitronenscheibe und servieren Sie ihn mit einem kurzen Strohhalm.

Zum Wohl!

SÜSSE & EXOTISCHE COCKTAILS VON A BIS Z

Hier erwarten Sie sündige Cocktails mit süßen Zutaten sowie exotische Verführer.

BUSINESS

Der Business ist eine Abwandlung des Bees‘ Knees, die süßer als die klassische Variante daherkommt.

ZUTATEN:

- 6 cl Gin
- 2,5 cl Limettensaft
- 3 cl Honigsirup
- Einige Eiswürfel
- 1 Limettenscheibe

ZUBEREITUNG:

1. Geben Sie den Gin mit dem Limettensaft, dem Honigsirup und den Eiswürfeln in einen Shaker und schütteln Sie alles kräftig durch.

2. Seihen Sie den Drink über ein feines Barsieb in eine Cocktailschale ab. Es soll kein Eis im Glas sein. Garnieren Sie den Drink vor dem Servieren mit der Limettenscheibe.

Zum Wohl!

DEEP BLUE SEA

Dieser intensivblaue Longdrink besticht durch seine Farbe ebenso wie durch seinen feinen, exotisch-herben Geschmack.

ZUTATEN:

- 4 cl Gin
- 2 cl Crème de Cassis (schwarzer Johannisbeerlikör)
- 1 cl Blue Curacao Sirup
- 1 Spritzer Zitronensaft
- 8 cl Tonic Water oder alternativ Soda
- Eiswürfel
- 1 Zitronenscheibe

ZUBEREITUNG:

1. Füllen Sie ein Longdrink-Glas mit Eis auf.

2. Geben Sie nun den Gin und einen Spritzer Zitronensaft über das Eis. Gießen Sie dann den Crème de Cassis möglichst vorsichtig am Rand des Glases ein. Nun gießen Sie den Blue Curacao Sirup darüber und füllen Sie das Ganze schließlich mit Tonic Water auf. Mögen Sie den bitteren Geschmack von Tonic Water nicht, können Sie den Drink in einer milderen Variante auch mit Soda zubereiten.

3. Garnieren Sie den Drink vor dem Servieren mit einer Zitronenscheibe und geben Sie einen langen Strohhalm ins Glas.

Zum Wohl!

KON-TIKI TROPICAL ITCH

Ein tropischer Longdrink, der traditionell mit einem kleinen Rückenkratzer aus Holz und einer üppigen Garnitur serviert wird. Was wirken könnte wie ein Scherz-Cocktail, schmeckt ausgesprochen lecker.

ZUTATEN:

- 3 cl Gin
- 3 cl weißer Rum
- 1 cl Zimtsirup
- 1 cl Mandelsirup
- 1,5 cl Limettensaft
- ¼ frische Mango
- Mehrere Scheiben unterschiedliche, exotische Früchte
- Crushed Ice

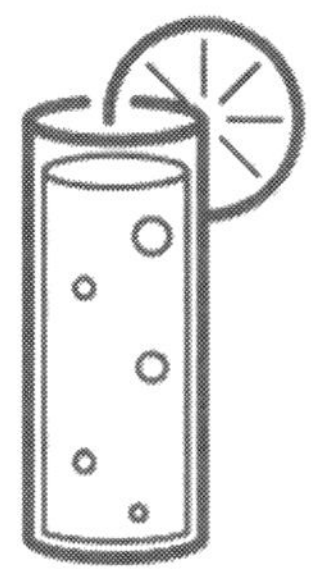

ZUBEREITUNG:

1. Dieser Longdrink wird klassisch im Blender, einem speziellen Barmixer, zubereitet. Sie können alternativ einen Standmixer verwenden.

2. Geben Sie den Gin, den weißen Rum, den Zimtsirup, den Mandelsirup und den Limettensaft in den Mixer. Schneiden Sie die Mango in Würfel und geben Sie sie ebenfalls in den Mixer. Geben Sie zum Schluss etwas Crushed Ice dazu und mixen Sie dann alles für mindestens 30 Sekunden auf hoher Stufe durch.

3. Geben Sie den Drink dann direkt in ein Hurricane-Glas. Fügen Sie nach Wunsch weiteres Eis hinzu. Stecken Sie nach Belieben einen kleinen, sauberen Rückenkratzer in das Glas und garnieren Sie den Drink üppig mit verschiedenen Fruchtscheiben. Stecken Sie am Ende ein Cocktailschirmchen obenauf.

Zum Wohl!

MARIPOSA FIZZ

Ein cremiger Longdrink, der mit Zitrusnoten, Kakao und Muskat an lange, weiße Sandstrände erinnert.

ZUTATEN:

- 4,5 cl Gin
- 1,5 cl Zitronensaft
- 1 cl Zuckersirup
- 1 cl Crème de Cacao White (weißer Schokoladenlikör)
- 1 ganz frisches Eiweiß
- Etwas Orangenblütenwasser
- 4,5 cl Soda
- Muskatnuss, ganz
- Eiswürfel

ZUBEREITUNG:

1. Spülen Sie ein Hurricane-Glas mit einem Schuss Orangenblütenwasser aus. Schütten Sie überschüssiges Orangenblütenwasser weg. Geben Sie dann einige Eiswürfel in das Glas.

2. Geben Sie nun den Gin, den Zitronensaft, den Zuckersirup, den Crème de Cacao und das Eiweiß in einen Shaker. Schütteln Sie diesen zunächst 10 Sekunden kräftig ohne Eis. Geben Sie dann einige Eiswürfel hinzu und schütteln Sie alles nochmals etwa 15 Sekunden kräftig durch. Es soll sich eine dichte Schaumkrone bilden.

3. Seihen Sie den Drink in das vorbereitete Glas ab. Die Schaumkrone darf mit auf den Drink. Garnieren Sie ihn, indem Sie eine Prise Muskat frisch darüber reiben.

Zum Wohl!

PINEAPPLE GIN FIX

Ein klassischer, wenn auch in den letzten Jahren eher in Vergessenheit geratener Shortdrink für Liebhaber eines intensiven Ananasaromas.

ZUTATEN:

- 6 cl Gin
- 1 TL Zucker
- 2 cl Zitronensaft
- 3 cl Ananassirup
- Crushed Ice
- 1 Zitronenscheibe

ZUBEREITUNG:

1. Wollen Sie den Drink nach traditionellem Rezept herstellen, geben Sie den Gin, den Zucker, den Zitronensaft und den Ananassirup auf Crushed Ice in einen Tumbler und rühren Sie einmal um. Dabei löst sich der Zucker nur wenig und verbleibt, ähnlich wie bei einem Mojito, als leichter „Crunch“ im Glas.

2. Wünschen Sie einen gut vermischten Drink, geben Sie die Zutaten stattdessen in einen Shaker und schütteln Sie alles gut für 15 bis 30 Sekunden durch. Seihen Sie den Drink dann auf einen mit frischem Crushed Ice gefüllten Tumbler ab.

3. Garnieren Sie in beiden Fällen den Drink vor dem Servieren mit der Zitronenscheibe und geben Sie einen kurzen Strohhalm ins Glas.

Zum Wohl!

PINK FLAG

Ein sehr exklusiv anmutender Shortdrink mit Noten von Mandel, Veilchen und Ananas.

ZUTATEN:

- 6 cl Gin
- 1 cl Crème Yvette oder Crème de Violette (Veilchenlikör)
- 1,5 cl Zitronensaft
- 1,5 cl Ananassaft
- 1,5 cl Mandelsirup
- 2 Salbeiblätter
- Einige Eiswürfel

ZUBEREITUNG:

1. Waschen Sie die Salbeiblätter ab und schütteln Sie sie etwas trocken. Geben Sie sie dann in einen Shaker und zerstoßen Sie sie etwas mit einem Stößel. Gießen Sie den Mandelsirup darüber und zerstoßen Sie das Ganze nochmals gut, um den Sirup mit dem Salbei zu aromatisieren.

2. Geben Sie nun den Veilchenlikör, den Zitronensaft, den Ananassaft und die Eiswürfel ebenfalls in den Shaker und schütteln Sie alles kräftig durch.

3. Seihen Sie den Drink nun nach dem Double Strain Verfahren ab. Gießen Sie ihn dazu zunächst durch ein gröberes Barsieb in ein Behelfsgefäß. Dann seihen Sie ihn durch ein zweites, feineres Barsieb direkt in eine Cocktailschale. Servieren Sie den Drink ohne Garnitur.

Zum Wohl!

PINK LADY

Ein klassischer Shortdrink mit Gin, der auch Herren meist sehr gut schmeckt.

ZUTATEN:

- 4 cl Gin
- 1 TL Zitronensaft
- 1 Schuss Grenadine-Sirup
- 1 ganz frisches Eiweiß
- 1 TL Puderzucker
- 3 Eiswürfel
- 1 Maraschino-Kirsche

ZUBEREITUNG:

1. Geben Sie den Gin, den Zitronensaft, den Grenadine, das Eiweiß, den Puderzucker und die Eiswürfel in einen Shaker. Schütteln Sie alles kräftig durch. Der Drink soll eine schaumig-cremige Konsistenz erhalten.

2. Geben Sie den Drink mit den Eiswürfeln in ein Martiniglas und garnieren Sie ihn mit der Maraschino-Kirsche.

Zum Wohl!

SINGAPORE SLING

Ein süßer, leicht exotischer und gleichzeitig sehr eleganter Longdrink, der international bekannt ist.

ZUTATEN:

- 3 cl Gin
- 1,5 cl Cherry Brandy (Kirschlikör)
- 1 cl Cointreau
- 1 cl Kräuterlikör (klassisch verwenden Sie DOM Benedictine)
- 1 cl Grenadine
- 1 Spritzer Angostura
- 12 cl Ananassaft
- 2 cl Limettensaft
- 1 Schnitz Ananas
- 1 Maraschino-Kirsche

ZUBEREITUNG:

1. Geben Sie den Gin, den Kirschlikör, den Cointreau, den Kräuterlikör, den Grenadine, den Angostura, den Ananassaft und den Limettensaft zusammen in einen Shaker. Schütteln Sie kräftig solange, bis obenauf ein leichter Schaum entsteht.

2. Gießen Sie den Drink direkt in ein Hurricane-Glas, sodass eine Schaumkrone darauf entsteht. Garnieren Sie den Cocktail vor dem Servieren mit dem Ananasschnitz und der Maraschino-Kirsche.

Zum Wohl!

SLOE GIN RICKEY

Bei dieser Variante des Gin Rickey verwenden wir Sloe Gin, also Schlehenlikör. Dadurch wird der Drink wunderbar süß, behält durch die Limette aber auch einen Hauch Exotik.

ZUTATEN:

- 4 cl Sloe Gin (Schlehenlikör)
- 1 cl Zuckersirup
- 1 Limette
- Etwas Tonic Water
- Eiswürfel

ZUBEREITUNG:

1. Füllen Sie einen Tumbler mit Eiswürfeln auf.

2. Waschen Sie die Limette ab und trocknen Sie sie ab. Schneiden Sie sie in zwei Hälften. Eine Hälfte schneiden Sie weiter in 3 bis 4 Stücke klein. Die andere Hälfte pressen Sie über das Eis direkt ins Glas aus. Die Limettenstücke geben Sie dann ebenfalls ins Glas.

3. Geben Sie nun den Sloe Gin und den Zuckersirup dazu und rühren Sie alles vorsichtig um.

4. Füllen Sie das Glas nach eigenem Belieben mit Tonic Water auf und servieren Sie den Drink mit einem Strohhalm.

Zum Wohl!

SUNSET GUN

Ein edler Shortdrink mit tropischem Charakter. Zur Herstellung wird Falernum Sirup verwendet. Sein Geschmack ist an einen tropischen Rumlikör angelehnt.

ZUTATEN:

- 6 cl Gin
- 1 cl Falernum Sirup
- 3 cl Limettensaft
- 1,5 cl Mandelsirup
- 3 Kaffirlimettenblätter
- Einige Eiswürfel

ZUBEREITUNG:

1. Stellen Sie eine Cocktailschale kalt.

2. Waschen Sie die Kaffirlimettenblätter vorsichtig ab und schütteln Sie sie etwas trocken. Bewahren Sie das schönste Blatt zur Dekoration auf und geben Sie die anderen beiden Blätter in einen Shaker.

3. Drücken Sie nun mit einem Stößel immer wieder wie mit einem Stempel auf die Kaffirlimettenblätter. Sie sollen nicht zerstoßen oder zerstört werden, es sollen lediglich die Zellen aufbrechen, damit die Aromen freigesetzt werden können. Andernfalls wird der Drink zu intensiv.

4. Geben Sie dann den Gin, den Falernum Sirup, den Limettensaft, den Mandelsirup und die Eiswürfel in den Shaker und schütteln Sie alles kräftig für etwa 15 Sekunden durch.

5. Seihen Sie den Drink nun nach der Double Strain Methode ab. Geben Sie ihn dafür zunächst durch ein gröberes Barsieb in ein Behelfsgefäß. Anschließend gießen Sie ihn ein zweites Mal durch ein feineres Barsieb in die Cocktailschale ab.

6. Garnieren Sie den Drink vor dem Servieren mit dem zurückbehaltenen Kaffirlimettenblatt.

Zum Wohl!

WATER LILY

Ein erfrischend simpler, süßer und dennoch eleganter Shortdrink mit blassblauer Farbe.

ZUTATEN:

- 2,5 cl Gin
- 2,5 cl Cointreau
- 2,5 cl Zitronensaft
- 2,5 cl Crème de Violette (Veilchenlikör)
- Einige Eiswürfel
- 1 Zitronenzeste
- 1 kleine, kandierte Blüte

ZUBEREITUNG:

1. Stellen Sie eine Cocktailschale kalt.

2. Geben Sie die Zitronenzeste in einen Shaker. Zerstoßen Sie sie etwas mit dem Stößel, damit sich die Aromen daraus lösen können. Geben Sie dann den Gin, den Cointreau, den Zitronensaft, den Crème de Violette und das Eis zur Zeste in den Shaker und schütteln Sie alles kräftig für etwa 15 Sekunden durch.

3. Seihen Sie den Drink in die Cocktailschale ab. Es sollen weder das Eis noch die Zeste im Glas sein.

4. Garnieren Sie den Drink vor dem Servieren mit der kandierten Blüte.

Zum Wohl!

ELEGANTE & WÜRZIGE COCKTAILS VON A BIS Z

Der Gin mit seiner oft ausgeprägten Kräuternote eignet sich ideal auch als Grundlage für Cocktails voller Würze und Ausdruckskraft.

GIN BUCK

Ein Drink mit starker Ingwernote und einer leichten Säure, der das Aroma des Gins in den Vordergrund stellt.

ZUTATEN:

- 5 cl Gin
- 1 cl Zitronensaft
- Ginger Ale nach Belieben
- Einige Eiswürfel
- 2 Zitronenscheiben

ZUBEREITUNG:

1. Sie können diesen Drink nach eigenem Belieben entweder als Shortdrink oder als Highball zubereiten. Als Shortdrink fällt das Getränk intensiver und würziger aus, als Highball besitzt es eine sommerliche Leichtigkeit. Wollen Sie einen Shortdrink bereiten, verwenden Sie einen Tumbler. Andernfalls verwenden Sie ein Highball-Glas.

2. Geben Sie zunächst einige Eiswürfel in das Glas Ihrer Wahl. Gießen Sie nun zunächst den Gin und dann den Zitronensaft darüber. Legen Sie eine Zitronenscheibe ins Glas und füllen Sie es dann mit Ginger Ale auf.

3. Garnieren Sie den Drink vor dem Servieren mit der anderen Zitronenscheibe.

Zum Wohl!

GIN HOUND

Ein mit dem KT Collins verwandter Shortdrink, der ebenfalls Sellerie als würzige Komponente enthält, aber schneller zubereitet werden kann. Verwenden Sie hierfür am besten einen stark wacholderbetonten Gin.

ZUTATEN:

- 6 cl Gin
- 1,5 cl Selleriesaft
- 1,5 cl Limettensaft
- 1,5 cl Honigsirup
- 1 bis 2 Eiswürfel
- Optional etwas Grün vom Stangensellerie

ZUBEREITUNG:

1. Geben Sie den Gin, den Selleriesaft, den Limettensaft und den Honigsirup mit den Eiswürfeln in einen Shaker und schütteln Sie alles für einige Sekunden kräftig durch.

2. Seihen Sie den Drink in eine Cocktailschale ab. Es soll kein Eis im Glas sein.

3. Klassisch wird der Drink ohne Garnitur serviert. Sie können ihn optional aber auch mit einigen Stängeln Selleriegrün dekorieren.

Zum Wohl!

GINGER GIN

Diese wenig bekannte Variante eines Shortdrinks wird mit Ingwersirup zubereitet. Dieser gehört nicht zum klassischen Sortiment der Barsirups, Sie können ihn aber häufig in guter Qualität im Naturkosthandel finden. Alternativ kochen Sie den Sirup aus 100 g Zucker und 120 ml Ingwersaft einfach selbst ein.

ZUTATEN:

- 6 cl Gin
- 2 cl Ingwersirup
- 1,5 cl Limettensaft
- 1 Eiswürfel
- 1 Stück kandierter Ingwer

ZUBEREITUNG:

1. Stellen Sie eine Cocktailschale kühl.

2. Geben Sie den Gin, den Ingwersirup, den Limettensaft und den Eiswürfel in einen Shaker. Schütteln Sie alles etwa 15 Sekunden kräftig durch.

3. Seihen Sie den Drink in die Cocktailschale ab. Es soll kein Eis im Glas sein.

4. Garnieren Sie den Drink vor dem Servieren mit dem kandierten Ingwer.

Zum Wohl!

GIN GIN MULE

Ein minzig-frischer Highball, der aus New York stammt und im Frühjahr besonders beliebt ist.

ZUTATEN:

- 4,5 cl Gin
- 3 cl Zuckersirup
- 2,5 cl Limettensaft
- 3 cl Ginger Beer, alternativ Ginger Ale
- 10 Blätter Minze, plus etwas für die Garnitur
- Eiswürfel

ZUBEREITUNG:

1. Die Minze waschen und trockenschütteln. Einen schönen Zweig für die Dekoration aufbewahren.

2. Die restliche Minze mit Limettensaft und Zuckersirup in einen Shaker füllen. Dann mit einem Stößel gut zerstoßen, damit sich möglichst viel Geschmack aus der Minze löst.

3. Geben Sie nun den Gin und einige Eiswürfel dazu und schütteln Sie alles gut durch.

4. Bereiten Sie ein Highball-Glas vor, indem Sie es mit Eiswürfeln füllen.

5. Wenn Sie diesen Drink klassisch zubereiten möchten, sollten Sie ihn nun im Double Strain Verfahren abgießen. Dazu benötigen Sie ein gröberes und ein feineres Barsieb. Gießen Sie den Drink nun zunächst durch das gröbere Barsieb in ein Behelfsgefäß, anschließend nochmals durch das feinere Barsieb direkt über das Eis ins vorbereitete Glas. Sollten Sie keine zwei Barsiebe zur Verfügung haben, können Sie den Drink auch einfach aus dem Shaker aufs Eis abseihen.

6. Füllen Sie das Glas mit Ginger Beer auf. Garnieren Sie den Drink vor dem Servieren mit dem zurückbehaltenen Zweig Minze.

Zum Wohl!

GIN SPARKLER MIT BROMBEERE UND THYMIAN

Ein außergewöhnlicher, eleganter Cocktail auf Basis von Gin und Sekt.

ZUTATEN:

- 1 cl Gin
- 100 ml trockener Sekt
- 1 EL Zucker
- 1 EL Zitronensaft
- 1 TL Brombeergelee
- 1 TL Thymiansirup
- 1 Brombeere, tiefgekühlt
- 1 Zweig Thymian

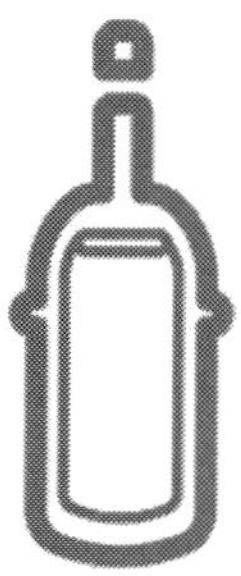

ZUBEREITUNG:

1. Geben Sie den Zitronensaft und den Zucker jeweils getrennt in eine kleine, flache Schale. Tauchen Sie dann den Rand eines Sektglases zunächst in den Zitronensaft und anschließend in den Zucker. Lassen Sie den Zuckerrand gut trocknen.

2. Erwärmen Sie das Brombeergelee im Wasserbad, sodass es etwas flüssiger wird. Geben Sie den Gin und den Thymiansirup dazu und rühren Sie alles miteinander glatt.

3. Geben Sie den Brombeer-Gin-Sirup in das Sektglas. Setzen Sie die tiefgekühlte Brombeere in die Mitte und füllen Sie das Glas mit Sekt auf. Vor dem Servieren garnieren Sie den Drink mit dem Thymianzweig.

Zum Wohl!

GIN TONIC MIT HOLUNDERBLÜTE

Ein leichter, blumiger Longdrink für Liebhaber.

ZUTATEN:

- 3 cl Gin
- 2 cl Holunderblütensirup
- 1 Spritzer Angostura
- Tonic Water
- Eiswürfel
- 2 bis 3 Gurkenscheiben
- 1 essbare Blüte

ZUBEREITUNG:

1. Füllen Sie ein breites Longdrink-Glas mit Eiswürfeln auf.

2. Geben Sie zunächst den Gin, dann den Sirup und abschließend den Angostura über die Eiswürfel.

3. Füllen Sie das Glas mit Tonic Water auf.

4. Geben Sie einige Gurkenscheiben zur Dekoration ins Glas und garnieren Sie den Drink vor dem Servieren mit einer Blüte.

Zum Wohl!

KT COLLINS

Eine außergewöhnliche Komposition, die durch das Zerstoßen von Sellerie eine spannende Würze erhält. Wählen Sie für diesen Drink einen Gin mit ausgeprägter Wacholdernote.

ZUTATEN:

- 6 cl Gin
- 2,5 cl Zitronensaft
- 2,5 cl Zuckersirup
- 2 bis 3 Körner grobes Meersalz
- 2 streichholzgroße Streifen Stangensellerie
- Soda
- Eiswürfel
- Etwas Grün vom Stangensellerie

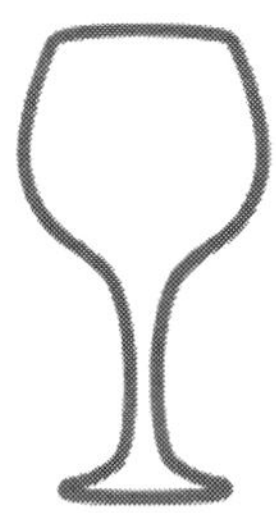

ZUBEREITUNG:

1. Geben Sie einige Eiswürfel in ein Highball-Glas.

2. Waschen Sie den Sellerie kurz ab, tupfen Sie ihn trocken und geben Sie ihn zusammen mit den Salzkörnern in einen Shaker. Zerstoßen Sie beides gut mit einem Stößel, um die Aromen des Selleries freizusetzen.

3. Geben Sie nun den Gin, den Zitronensaft, den Zuckersirup und einige Eiswürfel in den Shaker zum Sellerie und schütteln Sie alles für 15 Sekunden kräftig durch.

4. Seihen Sie den Drink durch ein feines Barsieb über das Eis direkt ins Glas ab. Füllen Sie das Glas mit Soda auf und garnieren Sie den Drink vor dem Servieren mit dem Selleriegrün.

Zum Wohl!

LAVENDER GIMLET

Eine elegantere Version dieses klassischen Shortdrinks.

ZUTATEN:

- 4 cl Gin
- 2 cl Limettensirup (oft auch Lime Juice genannt)
- 2 cl Lavendelsirup
- 1 cl Zitronensaft
- 1 Eiswürfel
- 1 Zitronenzeste
- 1 Lavendelzweig

ZUBEREITUNG:

1. Geben Sie den Eiswürfel in eine Cocktailschale.
2. Nun geben Sie den Gin zusammen mit dem Limettensirup, dem Lavendelsirup und dem Zitronensaft in ein Gefäß und rühren alles gut durch. Gießen Sie den Drink dann auf den Eiswürfel in die Cocktailschale.
3. Garnieren Sie den Drink vor dem Servieren mit der Zitronenzeste und dem Lavendelzweig.

Zum Wohl!

LIGHT AND DAY

Klassisch bereitet man diesen Drink mit Plymouth Gin, doch auch jeder andere vollmundige Gin ist gut geeignet.

ZUTATEN:

- 6 cl Gin
- 1,5 cl Kräuterlikör (klassisch verwenden Sie gelben Chartreuse)
- 1 cl Maraschino (Sauerkirschlikör)
- 1 cl Orangensaft
- 4 Spritzer Peychaud Bitters
- Einige Eiswürfel

ZUBEREITUNG:

1. Stellen Sie eine Cocktailschale kalt.

2. Geben Sie den Gin, den Kräuterlikör und den Orangensaft auf das Eis. Fügen Sie die Peychaud Bitters hinzu. Sollten Sie diese nicht zur Hand haben, können Sie etwa die halbe Menge Angostura verwenden. Allerdings entsteht dabei nicht die bekannte rötliche Farbe des Drinks.

3. Seihen Sie den Drink in die Cocktailschale ab und servieren Sie ihn ohne Garnitur.

Zum Wohl!

MUDDLED MISSION

Den Namen erhiehlt dieser blumig-krautige Drink vom sogenannten Muddlen, dem Zerstoßen von Zutaten mit einem Barstößel. Wählen Sie hier am besten einen wacholderbetonten Gin.

ZUTATEN:

- 4,5 cl Gin
- 3 cl Holunderblütenlikör
- 1,5 cl Kräuterlikör (klassisch verwenden Sie gelben Chartreuse)
- 2 cl Zitronensaft
- 2 Erdbeeren
- Einige Eiswürfel

ZUBEREITUNG:

1. Stellen Sie eine Cocktailschale kalt.

2. Waschen Sie die Erdbeeren ab und tupfen Sie sie trocken. Bewahren Sie die schönere Erdbeere für die Garnitur auf. Befreien Sie die andere Erdbeere vom Grün und geben Sie sie in einen Shaker. Zerdrücken Sie sie dann gründlich mit einem Stößel.

3. Geben Sie nun den Gin, den Kräuterlikör, den Zitronensaft und die Eiswürfel zum Erdbeermus in den Shaker und schütteln Sie alles kräftig für einige Sekunden durch.

4. Seihen Sie den Drink durch ein feines Barsieb in die Cocktailschale ab. Schneiden Sie die zurückbehaltene Erdbeere von der Spitze her etwas ein und stecken Sie sie als Garnitur auf den Glasrand auf.

Zum Wohl!

WHITE NEGRONI

Eine Abwandlung des klassischen Negronis, die Anfang der 2000er entstand. Die Idee ist es, den Drink leichter und weniger bitter zu gestalten. Der White Negroni überzeugt daher durch eine leichte Süße.

ZUTATEN:

- 3 cl Gin
- 3 cl Lillet Blanc
- 3 cl Suze-Likör (Enzianlikör)
- Eiswürfel
- 1 Orangenzeste

ZUBEREITUNG:

1. Füllen Sie einen Tumbler etwa zur Hälfte mit Eiswürfeln. Gießen Sie dann nacheinander Gin, Lillet Blanc und Enzianlikör darüber. Rühren Sie alles einmal um. Garnieren Sie den Drink vor dem Servieren mit einer Orangenzeste.

Zum Wohl!

HERBE & BITTERE COCKTAILS VON A BIS Z

In dieser Kategorie finden Sie elegante und eher klassisch anmutende Vertreter des Gin-Cocktails.

BIJOU

Ein traditioneller, aber dennoch nicht allzu bekannter Shortdrink mit einer großen Eleganz. Genießen Sie ihn aufgrund des hohen Alkoholgehalts lieber langsam.

ZUTATEN:

- 6 cl Gin
- 3 cl roter Wermut
- 1 cl Kräuterlikör (klassisch verwenden Sie grünen Chartreuse)
- 2 Spritzer Orangenbitter
- Einige Eiswürfel
- 1 Orangenzeste

ZUBEREITUNG:

1. Geben Sie den Gin zusammen mit dem Wermut, dem Kräuterlikör, dem Orangenbitter und den Eiswürfeln in ein Rührgefäß oder einen Shaker. Rühren Sie das Ganze etwa 10 bis 15 Sekunden gut um. Der Drink soll nach dem Rühren etwas abgekühlt sein.

2. Seihen Sie den Drink dann in eine Cocktailschale ab. Es soll kein Eis im Glas sein.

3. Garnieren Sie den Drink vor dem Servieren mit der Orangenzeste.

Zum Wohl!

DIRTY MARTINI

Gehört haben die meisten schon vom Dirty Martini, ihn getrunken nicht. Wenn Sie Cocktails mit herzhaften Komponenten mögen, könnte dieser Shortdrink einen Versuch wert sein.

ZUTATEN:

- 6 cl Gin
- 2 cl trockener Wermut
- 1 cl Lake aus einem Glas eingelegte Oliven
- 3 Oliven
- Einige Eiswürfel
- Eventuell 1 Prise feines Salz

ZUBEREITUNG:

1. Stellen Sie ein Martiniglas kalt, am besten im Tiefkühler.

2. Geben Sie das Eis in einen Rührbecher oder Shaker. Gießen Sie den Gin, den Wermut und die Olivenlake dazu. Rühren Sie alles gut um.

3. Seihen Sie den Drink in das Martiniglas ab. Es soll kein Eis im Glas sein.

4. Stecken Sie die Oliven nebeneinander auf einen Spieß und legen Sie diesen als Garnitur in den Drink ein.

5. Nach eigenem Belieben können Sie optional noch eine Prise Salz in den Drink geben.

Zum Wohl!

GIN & MILK

In viktorianischen Zeiten war dies eine beliebte, weniger bittere Alternative zum Gin Tonic. Heute ist der Drink etwas in Vergessenheit geraten, kann aber mit einem außergewöhnlichen Geschmack überzeugen. Mögen Sie es lieber etwas süßer, versuchen Sie den Gin & Milk einmal mit einem Old Tom Gin.

ZUTATEN:

- 5 cl Gin
- 3 bis 5 cl frische Vollmilch
- Einige Eiswürfel
- Eine Zimtstange

ZUBEREITUNG:

1. Geben Sie die Eiswürfel in einen Tumbler. Gießen Sie zunächst den Gin und dann nach persönlichem Geschmack die Milch darüber. Garnieren Sie den Drink mit der Zimtstange und servieren Sie ihn mit einem ausreichend langen Löffel.

Zum Wohl!

GIN TONIC

Der klassischste aller Longdrinks mit Gin.

ZUTATEN:

- 4 cl Gin
- 250 ml Tonic Water
- 3 bis 4 Eiswürfel
- 1 Zitronenscheibe

ZUBEREITUNG:

1. Geben Sie die Eiswürfel in ein Longdrink-Glas und schütten Sie den Gin darüber. Füllen Sie das Glas nun nach Belieben mit Tonic Water auf.

2. Garnieren Sie das Glas mit der Zitronenscheibe und servieren Sie den Drink mit einem Strohhalm.

Zum Wohl!

GIN TONIC COFFEE

Eine recht neue Longdrink-Kreation, die innerhalb kürzester Zeit zu einem Trend unter Gin-Liebhabern wurde. Gilt als perfektes Getränk nach einem schweren Abendessen.

ZUTATEN:

- 2 cl Gin
- 8 cl Tonic Water
- 4 cl abgekühlter, schwarzer Kaffee (ungesüßt)
- Einige Eiswürfel

ZUBEREITUNG:

1. Füllen Sie einen Tumbler oder ein breites Longdrink-Glas etwa zur Hälfte mit Eiswürfeln.

2. Geben Sie nun zunächst den Gin über die Eiswürfel, füllen Sie das Glas dann mit Tonic Water fast auf. Der Kaffee wird nun ganz langsam darüber geschüttet.

3. Rühren Sie den Drink abschließend noch einmal vorsichtig um.

Zum Wohl!

HANKY PANKY

Dieser Shortdrink wurde an der Bar des berühmten Londoner Savoy Hotels speziell für einen anspruchsvollen Gast erfunden und startete danach einen Siegeszug in die Welt.

ZUTATEN:

- 4,5 cl Gin
- 4,5 cl roter Wermut
- 2 Spritzer Fernet-Branca (italienischer Kräuterlikör)
- Einige Eiswürfel
- 1 Orangenzeste

ZUBEREITUNG:

1. Stellen Sie eine Cocktailschale kalt.

2. Geben Sie das Eis in einen Rührbecher oder Shaker. Gießen Sie Gin, Wermut und Fernet-Branca darüber. Rühren Sie dann mit Geduld um, bis die Flüssigkeit gut heruntergekühlt ist.

3. Seihen Sie den Drink dann in die Cocktailschale ab. Es soll kein Eis im Glas sein.

4. Garnieren Sie den Drink vor dem Servieren mit der Orangenzeste.

Zum Wohl!

LUCIEN GAUDIN

Die genaue Herkunft dieses mit dem Negroni verwandten Shortdrinks ist nicht bekannt. Im Gegensatz zum Negroni besitzt er eine Zitrusnote.

ZUTATEN:

- 3 cl Gin
- 1,5 cl trockener Wermut
- 1,5 cl Campari
- 1,5 cl Cointreau
- Einige Eiswürfel
- 1 Orangenzeste

ZUBEREITUNG:

1. Stellen Sie eine Cocktailschale kalt.

2. Geben Sie die Eiswürfel in ein Rührgefäß oder einen Shaker. Geben Sie dann den Gin, den Wermut, den Campari und den Cointreau darüber. Rühren Sie alles gut miteinander um. Seihen Sie den Drink danach in die Cocktailschale ab. Es soll kein Eis im Glas sein.

3. Garnieren Sie den Drink vor dem Servieren mit der Orangenzeste.

Zum Wohl!

MARTINI

Auch wenn James Bond seinen Martini lieber modern mit Wodka trinkt, hat er diesen Shortdrink berühmt gemacht. Sie sollten unbedingt die klassische Variante mit Gin versuchen. Dass James Bond seinen Martini „geschüttelt, nicht gerührt" nimmt liegt übrigens nur daran, dass der Herr selten Zeit für mehr als einen Schluck hat. Genießer bereiten den Drink klassisch gerührt zu.

ZUTATEN:

- 6 cl Gin
- 1 cl trockener Wermut
- Einige Eiswürfel
- 1 Olive oder 1 Zitronenzeste

ZUBEREITUNG:

1. Geben Sie die Eiswürfel in einen Shaker oder ein hohes Rührgefäß.

2. Gießen Sie nun den Wermut über die Eiswürfel und rühren Sie das Ganze so lange um, bis die Eiswürfel gut mit Wermut benetzt sind. Gießen Sie überschüssigen Wermut dann weg, belassen Sie das benetzte Eis aber im Gefäß.

3. Nun geben Sie den Gin über das mit Wermut versetzte Eis. Rühren Sie mit einem langen Rührstab etwa 30 Sekunden gründlich darin.

4. Seihen Sie den Drink dann in ein Martiniglas ab. Es soll kein Eis im Glas sein.

5. Klassisch garnieren Sie den Drink vor dem Servieren nun mit einer in das Glas eingelegten Olive, gerne auch am Spieß. Etwas moderner wirkt der Martini, wenn Sie ihn stattdessen mit einer eingelegten Zitronenzeste garnieren.

Zum Wohl!

MONTEGRONI

Eine Abwandlung des klassischen Negronis.

ZUTATEN:

- 3 cl Gin
- 3 cl Amaro (italienischer Bitterlikör)
- 3 cl roter Wermut
- Einige Eiswürfel
- 1 Orangenzeste

ZUBEREITUNG:

1. Füllen Sie einen Tumbler etwa zur Hälfte mit Eiswürfeln. Gießen Sie Gin, Amaro und Wermut über das Eis und rühren Sie alles einmal um. Garnieren Sie den Drink vor dem Servieren mit der Orangenzeste.

Zum Wohl!

NEGRONI

Dieser klassische Aperitif stammt aus Italien und gefällt neben seinem herben Geschmack durch seine intensivrote Farbe.

ZUTATEN:

- 3 cl Gin
- 3 cl Roter Wermut
- 3 cl Campari
- Eiswürfel
- 1 Orangenzeste

ZUBEREITUNG:

1. Füllen Sie einen Tumbler etwa zur Hälfte mit Eiswürfeln. Gießen Sie dann nacheinander Gin, Wermut und Campari darüber. Rühren Sie vorsichtig einmal um. Garnieren Sie den Drink vor dem Servieren mit einer Orangenzeste.

Zum Wohl!

PARISIAN

Trotz einer fruchtigen Note ist dieser Cocktail eher elegant-herb. Das liegt vor allem daran, dass der trockene Wermut hier mehr als nur eine Nebenrolle einnimmt.

ZUTATEN:

- 2,5 cl Gin
- 2,5 cl trockener Wermut
- 2,5 cl Crème de Cassis (schwarzer Johannisbeerlikör)
- Einige Eiswürfel
- 1 Zitronenzeste

ZUBEREITUNG:

1. Stellen Sie eine Cocktailschale oder ein Martiniglas kalt.

2. Geben Sie das Eis in einen Shaker oder ein hohes Rührgefäß. Gießen Sie den Gin, den Wermut und den Crème de Cassis über das Eis und rühren Sie alles gut durch.

3. Seihen Sie den Drink in das gekühlte Glas ab. Es soll kein Eis im Glas sein.

4. Garnieren Sie den Drink vor dem Servieren mit der Zitronenzeste.

Zum Wohl!

VESPER

Hierbei handelt es sich um einen Shortdrink mit besonderem Ursprung: Erstmalig bekannt wurde er durch James Bond – Casino Royale, hat es mittlerweile aber auf die offizielle Cocktail-Liste der International Bartenders Association geschafft.

ZUTATEN:

- 6 cl Gin
- 1,5 cl Wodka
- 1 cl Lillet Blanc
- Einige Eiswürfel
- 1 Zitronenzeste

ZUBEREITUNG:

1. Geben Sie den Gin, den Wodka, den Lillet Blanc und die Eiswürfel in einen Shaker. Schütteln Sie das Ganze einmal gut durch.

2. Seihen Sie den Drink in ein Martiniglas ab. Es soll kein Eis im Glas sein.

3. Garnieren Sie den Drink vor dem Servieren mit der Zitronenzeste.

Zum Wohl!

HAFTUNGSAUSSCHLUSS

Dieses Buch enthält Meinungen und Ideen des Autors / der Autorin und hat die Absicht, Menschen hilfreiches und informatives Wissen zu vermitteln. Die enthaltenen Strategien passen möglicherweise nicht zu jedem Leser, und es gibt keine Garantie dafür, dass sie auch wirklich bei jedem funktionieren. Die Benutzung dieses Buchs und die Umsetzung der darin enthaltenden Informationen erfolgt ausdrücklich auf eigenes Risiko. Haftungsansprüche gegen den Autor für Schäden materieller oder ideeller Art, die durch die Nutzung oder Nichtnutzung der Informationen bzw. durch die Nutzung fehlerhafter und/oder unvollständiger Informationen verursacht wurden, sind ausdrücklich ausgeschlossen. Das Werk, inklusive aller Inhalte, gewährt keine Garantie oder Gewähr für Aktualität, Korrektheit, Vollständigkeit und Qualität der bereitgestellten Informationen. Druckfehler und Fehlinformationen können nicht vollständig ausgeschlossen werden.

Impressum: Ataro Kitap Yayincisi, Ismet Kaptan, Gazi Blv. No:116, 35210 Konak/Izmir, Turkey, atarokitap.izmir@gmail.com

Printed in Poland
by Amazon Fulfillment
Poland Sp. z o.o., Wrocław

83877914R00066